婴幼儿家庭养育丛书

0~6 个月婴幼儿语言发展

方凤 著

人民东方出版传媒
東方出版社

主要人物介绍

目录

0~1个月宝宝的语言心智教养

小欢宝宝出生了！
亲家呀，小欢宝宝是我们的孙辈。我们一定要把他养育好。
说得对啊。
是啊，我们可不能耽误他。
我听说社区有个方教授心智教养咨询室，我们去看看？

心智教养？
对哦！我们去了解一下吧！
那我们定个时间大家一起去吧！
好啊！
我这段时间工作任务很重，所以我就不去了。

你是小欢的爸爸，要主动承担养育责任，不能都推给祖辈。
你说得对。
只是小欢现在还小，好像我插不上手。
加上工作也比较忙。
这样不好，你是小欢的爸爸……
以你的时间为准，你安排好工作，我坐月子没法去，但你得去的！
好吧……我服从。

这个周六我们可以去方教授的社区咨询室了。
你给我的爸妈打个电话吧，和他们约定时间。
星期六……
等小欢的外公和外婆一到，你们就可以去了，回来给我传达。
一定，一定……
我们现在走吧！

请问这里是方教授的咨询室吗？
是的，请进！

您就是方教授吧？您好！
你们好！

家长们好！宝宝多大啦？
方教授，宝宝 26 天，名叫小欢。我是小欢的爸爸。

小欢的妈妈还在月子里，因此没有来。这是小欢宝宝的爷爷奶奶，还有外公外婆。

看得出你们的家庭人员关系很融洽，小欢宝宝更给你们全家增添了不少快乐吧！
哈哈，方教授，您说得是。
你们能够在宝宝 26 天的时候就来咨询，科学养育的意识很强呀！
这还是小欢爷爷最先提议的。

是的，我证明！
小欢爷爷，您是怎样想出这个提议的？
我喜欢看这方面的资料，知道家长的科学养育意识非常重要，家长的养育方法决定着宝宝的成长质量，可是我们不知道怎样把握养育方法。
因此我提议及早来您这里，想请您给予我们养育方面科学的指导！
您完全属于智慧祖辈！

家长越早意识到科学养育的必要性，对宝宝的整体成长越有益。

可要家长当老师
谈何容易啊！
我们哪有老师的
水平呀？

这个问题提得好！

家长想要当好老师
是需要学习的。
可是我们还是无
从下手。

最重要的是要了解宝宝不同时期
的能力，给予相匹配的养育，促进
其能力的发展。

应该通过学习养育知识，了解宝宝不同时期的能力，给予宝宝相匹配的养育。

宝宝的听力直接关系到宝宝的语言发展。

医院好像是会对每个小宝宝都做听力筛查的。
新生儿听力筛查是对出生 3~5 天的新生儿做的一次听力检查。
如果医生对宝宝听力障碍存疑，会告诉养育人在宝宝 42 天的时候复查听力。
像这种情况，要是宝宝复查结果仍有问题怎么办？
那就需要进行听觉诱发电位检查来进一步确诊了。

为什么要这么早进行听力筛查？
对于婴幼儿的听力问题，越早发现，干预措施越早，得到的效果就越好。
所以在新生儿时期进行听力筛查，可以尽可能早地筛查出听力有问题的孩子。
孩子若有听力问题，必然会影响到孩子语言能力的发展，因此听力筛查非常重要。
明白了。

我还真没想到宝宝的听力问题对语言发展影响这么大。
是的，宝宝没有听力问题是语言发展必须的。
好了，我们接着谈谈家长当宝宝语言老师的话题。
嗯，关于这个我要更认真学习一下，等回家了小欢妈妈一定会问我。

我们也要认真一点，请方教授开始吧。
好的。
我们先一起来看看新生儿都具备哪些语言本领？
了解了这些，我们家长就可以在养育中促进宝宝的语言能力发展了。
下面，请大家跟我一起去看看《0-1 个月宝宝语言本领展板》。

0~1 个月宝宝语言本领展板

家长对宝宝哭声的合理应答，就是在促进宝宝的早期语言发展的！

家长能够将听宝宝的哭声变成听声音，或把哭声当成欲发喉声回应就是与新生儿语言相匹配的养育和促进新生儿语言能力发展了。

对宝宝说哪些话或对宝宝唱些什么儿歌，家长在阅读本书中就会掌握了，但关键是养育中灵活应用！

本书提醒家长关注宝宝的听力和避免大声对着宝宝耳边说话或唱歌等。

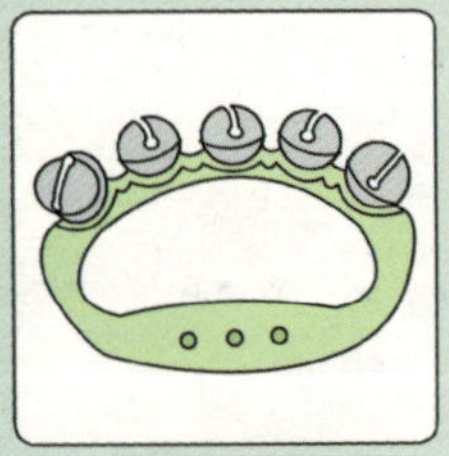

配套教具——摇铃

（一）功能：

1. 是 0~12 个月宝宝的适龄玩具：可训练宝宝抓握能力和手眼协调能力等。
2. 可作为 0~12 个月宝宝的听力和语言的评估工具。
3. 摇动发出悦耳清脆的铃声，促进宝宝的听觉和语言能力发展。

（二）使用方法：

1. 家长可用抓握摇铃来判断宝宝的听觉反应。
2. 用抓握摇铃逗引宝宝或给宝宝自由玩耍。
3. 摇铃是响声玩具，带宝宝做摇响玩具游戏，促进宝宝的听觉辨别能力，为宝宝的语言发育做准备。
4. 对抓握摇铃玩具有兴趣的宝宝，家长可多带宝宝玩摇响玩具游戏，可以提高宝宝的注意力。

听觉反应

听觉反应是新生儿时期特殊的语言表现。

（1）刚出生的新生儿就有听觉反应。

（2）生后 2 周的新生儿对噪音和其他声音有不同反应，当听到悦耳的铃声或妈妈的声音会安静下来。

啼哭与喉音

啼哭是新生儿时期的语言：

（1）新生儿饥饿时会大声啼哭，告诉妈妈或养育人“我饿了”，当给予喂奶后宝宝的啼哭就会停止。

（2）当尿湿或有不舒服时宝宝也会大声哭，是在告诉妈妈或养育人“我难受了”，当妈妈或养育人抱起宝宝时就停止啼哭。

（3）养育人逗引，宝宝会做出笑态，并试图发出喉音。

哭就是宝宝的语言呀？
原来宝宝哭就是在说话呀。
是呀，“哭”就是宝宝的特殊语言。
家长合理应答宝宝的哭声，就是在促进宝宝的早期语言发展呢！
怎讲？
这样看来，家长当语言老师并不是一件困难的事。

哈哈，是啊！
因为我们哄宝宝不哭是很自然的事啊！
小欢奶奶说得对！做宝宝语言老师并不难。不过……
不过哄宝宝不哭还不能算老师！
嗯，请您接着讲。
而让宝宝多听，对宝宝讲话，将哭声变成听声音，将哭声变成欲发喉声回应就是与新生儿语言相匹配的养育和促进新生儿语言能力发展了。

我知道了！就是要对宝宝多说话。
不仅要说话，还要……
还要做什么？
还要让宝宝多听音乐和歌声。
嗯，这个容易，我的晨练专用小音响就可以派上用场。

在宝宝清醒时多给宝宝听音乐，音乐要求轻柔，节奏明快；这样也是在促进宝宝语言能力发展了。

0~1 个月宝宝语言心智养育展板

【0~1 个月宝宝语言心智养育展板】——对宝宝亲切说话

（1）对宝宝说话的内容可以是任意自然语言。

（2）内容可以是事先想好或写好的。

【0~1 个月宝宝语言心智养育展板】——对宝宝亲切说儿歌

对宝宝说儿歌要去选择宝宝喜欢听的儿歌。

【0~1 个月宝宝语言心智养育展板】——亲切贴宝宝面部自然语言

左小脸贴一下……
宝宝（再叫名字）……
大脸贴宝宝的小脸，右小脸贴一下。
好了，就这些，我们可以不断重复它。
宝宝（名字），
大脸贴宝宝的小脸，
左小脸贴一下；
宝宝（名字），
大脸贴宝宝的小脸，
右小脸贴一下。
（如此反复）

【0~1个月宝宝语言心智养育展板】——亲切贴宝宝面部说儿歌

亲切贴面部说儿歌。
小宝宝，左脸亲；
小宝宝，右脸亲。
做游戏，触觉灵；
小宝宝，灵灵灵。
小宝宝，左脸亲；
小宝宝，右脸亲；
做游戏，触觉灵；
小宝宝，灵灵灵。
我喜欢亲宝宝！

妈妈或其他家长要多对宝宝哼唱歌，要多对宝宝微笑。

方教授，我问你一个问题。
请讲。
我唱歌唱得不好，宝宝会喜欢听吗？
关键是要轻声唱。
要避免大声对着宝宝耳朵唱歌。
这一点我们都要注意了，因为年老了听力下降，所以不知不觉就成了大嗓门。
确实要注意。

宝宝听到摇铃声有什么反应呀？家长对宝宝应该说什么话和唱什么儿歌呢？这么小的宝宝有什么游戏可以促进宝宝听觉反应吗？

本书中列出了家长有意识地对宝宝说话和唱儿歌的具体内容，并要求家长的面部表情要丰富、说话时要用眼睛看着宝宝，家长眼神与宝宝的眼神进行交流等。

配套教具——拨浪鼓

（一）功能：

1. 是 0~12 个月宝宝的适龄玩具：可训练宝宝抓握能力和手眼协调能力等。
2. 可作为 0~12 个月宝宝的听力和语言的评估工具。
3. 摇动发出悦耳有震感的声音 ，促进宝宝的听觉和语言能力发展。

（二）使用方法：

1. 家长可用拨浪鼓来判断宝宝的听觉反应。
2. 用拨浪鼓玩具逗引宝宝或给宝宝自由玩耍。
3. 作为一种响声玩具，带宝宝做摇响玩具游戏，促进宝宝的听觉辨别能力，为宝宝的语言发声做准备。
4. 对玩拨浪鼓具有兴趣的宝宝，家长可多带宝宝玩摇响玩具游戏，旨在提高宝宝的注意力。

2~3个月宝宝的语言心智教养

小欢家
小欢已经两个月大了。
时间过得真快……
明天是周末，你能否陪我带宝宝到社区咨询室去吗？
这个当然可以，没问题！
嗯……你是不是对我上次的传达不满意，要自己去听啊？
当然不是啦！我只是想多知道一些语言促进养育的方法。

第二天

哦，是小欢爸爸呀！你好！
方教授好！
这位一定是小欢的妈妈吧！
是的，她想直接听您的指导！
方教授，我的确想多得到一些语言促进养育的方法。我觉得养育小欢很需要这些知识。
小欢妈妈已经有当宝宝语言老师的意识了！非常好！

2~3 个月宝宝语言本领展板

2~3 个月宝宝语言本领展板

视觉反应

宝宝会用眼睛看着身边的人。

听觉反应

宝宝听到人说话的声音就会安静下来。

语言表达

（1）宝宝会用微笑响应家长的微笑或发出呀呀或咕咕的声音。

（2）当宝宝饥饿、疲倦或不适时，会用不同的哭声向人表达。

方教授……
对照展板上的内容，我发现我家小欢宝宝都具备了。比如说，小欢宝宝现在爱微笑和发出咕咕的声音。
太好了，这说明小欢宝宝语言本领发育得很好！
这样很好啊！
方教授您请说。
小欢妈妈，请问你们在养育小欢的时候有没有发现这样的情况？

比如……在宝宝刚入睡或突然听到击掌声，以及听到突然的大声响时……
宝宝会突然惊醒，出现全身抖动、两手握拳、前臂急速屈曲或皱眉、眨眼、睁眼的动作。
这种情况是有的。
这其实是宝宝听觉能力的显示。
我们还以为是宝宝被吓着了。
这是必要的。
我们回家对老人们说明此事，解除他们的误解。

下面我来告诉你们一些促进 2~3 个月宝宝语言发展的方法，供您家参考。
我们非常需要这些，您稍等，我拿笔记本记录一下。
多用发出响声的玩具逗引宝宝。
这是在促进宝宝的听觉辨别能力，有助于宝宝大脑中语言信号道路的建立。
家长可以用发出响声并且声响柔和的玩具逗引宝宝。
您能说得具体一些吗？

比如说能捏响的乳胶玩具、能摇响的玩具、玩具琴、摇铃等。
玩具的响声有要求吗？
玩具的响声小于 60 分贝比较合适，响声玩具的响度太强或太尖就是噪音了。
宝宝耳朵的听力系统稚嫩，噪音会伤害宝宝耳听力系统。
这些还真的是要注意的。

促进 2~3 个月宝宝语言能力发展重点

方教授，您能举一些例子给我们参考吗？
很多家长都和你们一样提出了同样的问题。
所以，我专门制作了展板，请跟我来看展板吧。
这是【2-3 个月宝宝语言心智养育展板】，我们列出了示范的语言例子和游戏儿歌，希望对你们有帮助。
好的，我们仔细阅读。

2~3 个月宝宝语言心智养育展板

【2~3 个月宝宝语言心智养育展板】——有意识地对宝宝说话

（1）宝宝很喜欢与家长“聊天”，家长要对宝宝的声音给予肯定（应答宝宝）。

（2）举例：户外活动时，家长对宝宝说：“我们走在小区公园的路上，抱着小宝宝在户外进行空气浴；宝宝发出了咕咕声，是很高兴，是吗？风轻轻吹呀，吹抚着宝宝幼嫩的皮肤； 宝宝感觉到了吗？宝宝笑了，宝宝感觉到了，很舒服的。”

【2~3 个月宝宝语言心智养育展板】——家长说话方式要求

（1）说话速度为慢速；

（2）说话的口型夸张一些；

（3）说话的语调抑扬顿挫；

（4）说话的句子尽可能简短；

（5）语句对宝宝反复重复多遍。

【2~3 个月宝宝语言心智养育展板】——生活中对宝宝说话

（1）家长养护宝宝时的情景均可以对宝宝说出来，并解释宝宝的反应。

（2）举例：宝宝要洗脸了，这是洗脸的小毛巾，给宝宝看看，看到了吗？哦，宝宝看到了；毛巾放进小盆里，小盆里有温水，毛巾湿了；让我们洗洗宝宝小眼睛、小鼻子、小嘴巴、小小脸、两只小耳朵；宝宝干净啦。

【2~3 个月宝宝语言心智养育展板】——“俯卧看气球”游戏儿歌

【2~3个月宝宝语言心智养育展板】——“轻开小小手”游戏儿歌

用发出响声的玩具逗引宝宝，促进宝宝的听觉辨别能力，有助于宝宝大脑中语言信号道路的建立；家长用发出响声并且声响柔和的玩具逗引宝宝。比如能捏响的乳胶玩具、能摇响的玩具、摇铃等。

强调要求：玩具的响声小于 60 分贝比较合适，响声玩具的响度太强或太尖就是噪音了，宝宝的耳听力系统稚嫩，噪音会伤害宝宝耳听力系统。

配套教具——吐舌公仔

（一）功能：

1. 是 0~12 个月宝宝的适龄玩具：可训练宝宝触觉统合能力、视觉统合能力、听觉统合能力和手眼协调能力等。

2. 手拍、挤压等动作发出悦耳的声音和吐舌动作 ，促进宝宝的触觉、视觉、听觉和语言能力发展。

（二）使用方法：

1. 用吐舌公仔玩具逗引宝宝或给宝宝自由玩耍。

2. 作为一种响声玩具，带宝宝做手拍、挤压吐舌公仔玩具游戏，促进宝宝的触觉、视觉、听觉和语言能力发展。

3. 对吐舌公仔玩具有兴趣的宝宝，家长可多带宝宝做手拍、挤压吐舌公仔玩具游戏，旨在提高宝宝的注意力。

展板看完了。
嗯，请跟我回到咨询室。
谢谢。
大家请进。
大家还有什么问题吗？

我也学到了很多东西，暂时没有问题了。
方教授，我看后很受启发。
那太好了！
小欢宝宝累了，他睡着了。
你们快带他回家休息吧。
谢谢方教授，以后遇到养育的问题，我还要来麻烦您的！
嗯，随时可以来咨询。
再见！
方教授，我们走了，再见！
再见！

4~6个月宝宝的语言心智教养

许多天以后……
小欢，我们
换尿不湿啦！
ma-ma!
小欢会叫妈妈啦。
哈哈，太好啦！
宝宝真聪明！

就这两天，宝宝醒后嘴巴里就会发出声音。
好像是要说话啦！
看来我们应该到社区咨询室去了。
嗯，老头子说得对呀！
是的！小欢已经5个多月了，我们该去让方教授看看小欢的语言能力了。

两天之后……

方教授，我们来了！
请进！
方教授好！
啊，是你们。
啊，你们好！
小欢宝宝又长大不
少吧，快让我看看！

小欢宝宝又长大了，接下来让我们看看小欢宝宝具有哪些语言本领吧！
请小欢妈妈抱着宝宝到评测室内，其他家长在评测室外休息。
嘎，嘎！
哈，哈！

这是用来测试宝宝听觉灵敏度的。要注意拨浪鼓不能离宝宝太近。

16~20 厘米
拨浪鼓要在距离宝宝
16~20 厘米处摇动。
小欢刚刚听到声音
就转头了。小欢的
反应，说明他的听
觉非常灵敏。
刚才妈妈逗小欢的
时候，小欢的叫声
也说明小欢完全具
备 5 个月幼儿应有
的语言能力！
听方教授这么说，
我们都非常开心。

小欢能发出像词的双声音吗？比如说："ma-ma？"
有啊！有啊！
就在这几天，小欢好像在叫妈妈，他发出"ma-ma"的声音。
对了，我还听到他发过"ba-ba"的声音，外婆还说过宝宝会说"马"字呢！

是婴儿语，还不是真的词语，当然这已经很好了！小欢宝宝的语言能力已经达到 6 个月的水平了。
宝宝真棒！
你让宝宝坐在自己的腿上，我们进行下一个测试。

宝宝，镜子里面有小宝宝呀！
小欢好像很不开心啊！
宝宝有些害怕，你带他先出去，他看到外婆之后可能会好一些。

外婆抱，小欢不哭。
小欢一到外婆怀里就马上不哭了。
我们在家里也拿镜子给宝宝看啊，但是他并不害怕。刚才为什么会害怕呀？
小欢宝宝不是怕镜子，而是看到陌生人拿着镜子。

哦？为什么？
你们不要因小欢刚才有害怕的表现而产生任何顾虑。
这说明小欢宝宝能够辨别家人和外人了。
为了不让小欢宝宝紧张，你们安排一个人陪宝宝去亲子活动区玩耍吧。
其他的人请观摩《4~6 个月宝宝语言本领展板》，等会儿我们来讨论促进宝宝语言发展的方法。

4~6 个月宝宝语言本领展板

4~6 个月是宝宝的语言准备期。此时期的宝宝对声音已经有了反应，当听到声音会转头去寻找声音来源。

请家长在宝宝耳边 16~20 厘米处摇动拨浪鼓，宝宝的头会转向拨浪鼓吗？如果宝宝无转头去寻找拨浪鼓声音的动作要警惕听力问题。还要考察宝宝会发单调音节了吗？

配套教具——不倒翁玩具

（一）功能：

1. 是 0~12 个月宝宝的适龄玩具，可训练宝宝听觉统合能力和手眼协调能力等。

2. 手推等动作使不倒翁摇动和发出声音，促进宝宝的触觉、视觉、听觉和语言能力发展。

（二）使用方法：

1. 用不倒翁玩具逗引宝宝或给宝宝自由玩耍。

2. 作为一种响声玩具，带宝宝做手推不倒翁玩具游戏，促进宝宝的触觉、视觉、听觉和语言能力发展。

3. 对不倒翁玩具有兴趣的宝宝，家长可多带宝宝变化玩手推不倒翁游戏，旨在提高宝宝的注意力。

【4~6 个月宝宝语言本领展板】——视觉反应方面

（1）4 个月宝宝见食物会有喜悦的表现。

（2）5 个月宝宝会伸手抓取眼前的物品，会对着镜中人笑。

（3）6 个月宝宝能认识熟人和陌生人，见熟人笑，见陌生人会哭。

【4~6个月宝宝语言本领展板】——听觉反应方面

（1）听到声音会转头去寻找声音来源；

（2）听到有人呼唤自己名字时会有反应；

（3）会注视他人的脸。

【4~6 个月宝宝语言本领展板】——语言表达方面

对照展板上的内容，小欢宝宝都达到 6 个月宝宝的水平了！
是的，非常好！
这是您的家人有语言老师意识的结果。请你们一定要继续保持！
我们都想听取方教授的指导建议，做宝宝的语言老师！
我也会努力做得好一点的。

小欢宝宝已经进入牙牙学语阶段。
家长要有意识对宝宝发出的词样声音给予不同的反应。
另外，家长还要解释宝宝发出词样声音的可能含义。让宝宝明白声音所表达的意思。
这个我有感触的，平时我也这么做过。

比如宝宝发出“ba-ba”这个声音的时候，我就会指着小欢的爸爸说“爸爸”
你做得非常好！
家长还要引导宝宝，模仿大人发出更多不同的声音。
嗯，这个我们记下了。

当宝宝模仿家长发出了不同的声音时，我们一定要表扬宝宝。

比如用手拍拍宝宝，说“你真棒！”
再比如…… 用脸与宝宝的脸贴一贴，说“宝宝会说话啦”，等等。
我明白了。在日常生活中，我们一定多多鼓励小欢宝宝。
嗯，我相信你们一定做得很好！

家长要多多呼唤宝宝的名字，多带宝宝户外活动。

带宝宝户外活动时，要有意识地给宝宝指认不同的人。

请妈妈抱着小欢，我和小欢玩个游戏。

家长要多与小欢宝宝做寻找玩具声音和人声的游戏。
就像刚才一样，拿玩具在宝宝眼前摇响，然后放到背后继续摇响。宝宝会感兴趣的。
然后家长要引导宝宝寻找摇响的玩具。
这类的游戏可以随意变换，家长可以利用家里已有的各种发出响声的玩具跟宝宝玩。

家长也可以在不同的地方发出声音，让宝宝寻找声音看到家长。
其实，这些游戏原理都是一样的。
这样的游戏操作起来很简单，我可以带宝宝做的。
我们也能带宝宝做。

你们都有比较强的科学养育意识，这对宝宝非常好！
如果你们遇到与小欢宝宝同年龄的宝宝，请将您家的经验传递给同伴的家庭。
好的。我们和其他家长在一起时也经常交流。
嗯，非常好！

此外，还要提醒其他家长警惕宝宝听力的问题。
这在刚才我们的游戏中都有体现。
比如刚才，小欢听到拨浪鼓的声音就会把头转过来。
这是宝宝的正常反应。
你说得对。
如果不正常，那是什么样的情况呢？

比如说，4~6 个月的宝宝在听到妈妈呼唤时，宝宝的头不会寻找或转向妈妈。
或是妈妈在对宝宝说话，而宝宝与妈妈无眼神交流等情况出现 ，都需要特别重视。
这样的宝宝可能是听力出了问题吧？
如果孩子出现上面的这些情况，并不能说明听力一定有问题，但是要提醒家长及时到医院进行听力测试。
这方面我们还没有意识，以后我们也会提醒其他家长都要留心。

家长促进 4~6 个月宝宝的语言发展能力的主要内容有：

（1）要多多呼唤宝宝的名字；

（2）有意识对宝宝发出的声音给予不同的反应，解释宝宝发出声音的可能含义；

（3）带 4~6 个月宝宝做寻找玩具声音和人声的游戏。

配套教具——小软球

（一）功能：

1. 是 0~12 个月宝宝的适龄玩具，可训练宝宝视觉统合能力、手眼协调能力和身体运动能力等。

2. 围绕玩球游戏促进宝宝的语言能力发展和提高宝宝的注意力。

（二）使用方法：

1. 用球逗引宝宝或给宝宝自由玩耍。

2. 作为一种玩具，带宝宝玩球加语言的游戏，促进宝宝语言能力、视觉统合能力和身体运动能力的发展。

3. 对球有兴趣的宝宝，家长可多带宝宝玩变化球类游戏，旨在提高宝宝的注意力。

非常感谢！今天的养育指导就到此吧！
谢谢方教授！
谢谢你们的信任！
我要马上接待后面咨询的家长了，如果你们有时间，请去观摩【4~6 个月宝宝心智语言养育展板】。
我们列出了示范的语言例子和游戏儿歌，供您家参考。
好的，我们现在就去看下。

4-6 个月宝宝语言心智养育展板

【4~6个月宝宝语言心智养育展板】——生活中对宝宝说话（洗小手）

【4~6 个月宝宝语言心智养育展板】——“小勺喂食”伴随的儿歌

【4~6 个月宝宝语言心智养育展板】——翻身运动游戏儿歌

【4~6个月宝宝语言心智养育展板】——仰坐位运动游戏儿歌

平时我上班没时间，回去还是需要您多多念儿歌给小欢听。
那是当然！
我们也喜欢这么做！
展板看完了，我们带小欢宝宝回家吧！
好的，我们回去吧！
今天的收获真大！

家长怎样带宝宝做寻找玩具声音和寻找人声音的游戏呢？生活养育中家长怎样应答宝宝发出的声音？

本书提供家长具体带宝宝做哪些游戏可以促进宝宝寻声转头，并列出生活养育中家长具体应答宝宝声音的方法。

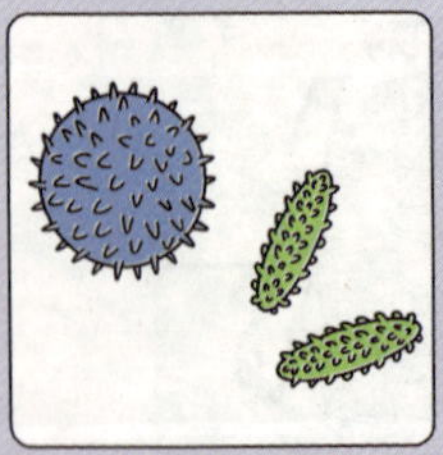

配套教具——触摸球

（一）功能：

1. 是 0~12 个月宝宝的适龄玩具，可训练宝宝触觉统合能力、视觉统合能力、手眼协调能力和身体运动能力等。

2. 围绕玩触摸球游戏促进宝宝的语言能力发展和提高宝宝的注意力。

（二）使用方法：

1. 用球逗引宝宝或给宝宝自由玩耍。

2. 作为一种玩具，带宝宝做抓握和滚触摸球等加语言的游戏，促进宝宝语言、触觉统合能力、视觉统合能力和身体运动能力的发展。

3. 对触摸球有兴趣的宝宝，家长可带宝宝玩多种球类游戏，以提高宝宝的注意力。